EN TIERRAS CHEROKEE, UNA NIÑA LLAMADA AGUA

crece feliz junto a su familia hasta que un tsunami devastador destruye su realidad. Obligados a mudarse a tierras desérticas, enfrentan grandes dificultades, pero con la ayuda de sanadores, la familia encuentra la esperanza y pueden retornar al hogar. A partir de ahí, la Niña Agua aprende a superar sus miedos, a enfrentar los desafíos, fortalecida siempre por el apoyo transgeneracional. Su aprendizaje la convierte en una mujer fuerte, que enseñará a sus hijos a enfrentar con coraje las adversidades de la vida.

VALORES IMPLÍCITOS

La resiliencia ante la adversidad, la importancia del apoyo familiar y comunitario, y la conexión con la naturaleza son valores fundamentales. A través de la experiencia de la Niña Agua, se valora la superación personal y la transmisión de sabiduría ancestral. La fortaleza femenina y el legado cultural se entrelazan, mostrando que con amor y valentía es posible superar cualquier desafío.

EL EQUILIBRIO
DE MORFEO

La Niña Agua

© del texto: Helena Alvarado
© de las ilustraciones: Marc Schouten
© del diseño y correccion: Equipo BABIDI-BÚ

© de esta edición:
Editorial BABIDI-BÚ, 2025
Avda. San Francisco Javier, 9, 6ª, 23
Edificio Sevilla 2
41018 - SEVILLA
Tlfn: 912.665.684
info@babidibulibros.com
www.babidibulibros.com

Impreso en España
Primera edición: junio, 2025

ISBN: 979-13-87663-43-8
Depósito Legal: SE 815-2025

A MIS HIJOS PAU, MARIONA Y JULIETA Y A SUS ABUELOS ROSA, PEP Y MARÍA.

Helena Alvarado   Marc Schouten

LA NIÑA AGUA

CÓMO SURGIÓ EL CUENTO

«La resiliencia es la capacidad de hacer frente a las adversidades de la vida, transformar el dolor en fuerza motora para fortalecerse y salir fortalecido de ellas. Una persona resiliente comprende que es el arquitecto de su propia alegría y de su propio destino».

Boris Cyrulnik.

El cuento de «La Niña Agua» es un relato inspirado en una historia real de resiliencia y superación, basado en mi experiencia terapéutica con una paciente muy especial. Este proyecto surgió a partir de las sesiones de terapia que realicé con una niña que enfrentaba múltiples desafíos emocionales y familiares.

Nuestro relato se centra en la vida de una niña cuya existencia pacífica en Mallorca se ve trágicamente interrumpida por un tsunami devastador, que la llena de incertidumbre y miedo. Este evento simboliza los cambios abruptos y difíciles que enfrentó mi joven paciente, a partir de la enfermedad de su pequeña hermana. Esto desencadena la migración a Madrid y la adaptación a una nueva escuela y entorno social. Allí, los médicos logran tratarla y eliminar su riesgo vital inicial, por lo que, tras un tiempo prolongado, retornan a su hogar. Es aquí donde mi «Niña Agua» tiene que aprender a volver a manejarse en las rutinas y la cotidianeidad tras el impacto vivido.

En las sesiones terapéuticas, empleamos la técnica de la caja de arena, una herramienta poderosa que permite a los niños expresar y procesar sus emociones a través del juego simbólico. A través de este método, la niña pudo externalizar sus miedos, traumas y duelos, y así comenzar a sanar. Cada etapa del cuento refleja un aspecto de su proceso terapéutico y su camino hacia la resiliencia.

La historia destaca la fortaleza femenina, personificada en la relación entre la niña, su madre y su abuela, quienes representan el apoyo y la sabiduría intergeneracional. Este vínculo es crucial para la protagonista, ayudándola a encontrar su fuerza interior y a reconectarse con el mar, símbolo de sus emociones y de su capacidad para enfrentar y superar los desafíos. El papel de los abuelos en esta historia es fundamental. Representan la sabiduría, la estabilidad y el soporte emocional que permiten a la familia encontrar el camino de regreso a la normalidad. Su presencia y guía ayudan a la niña a aprender valiosas lecciones sobre la vida y la resiliencia, enseñándole que, aunque las tormentas sean inevitables, siempre es posible reconstruir y seguir adelante.

Además, el cuento aborda un tema educativo crucial: la importancia de enseñar a los hijos a enfrentar y superar las dificultades de la vida en lugar de eliminárselas o resolvérselas. En la narrativa, la protagonista aprende a nadar de nuevo y a enfrentar el mar, simbolizando la necesidad de preparar a los niños para que desarrollen sus propias capacidades de resiliencia y superación.

El proceso de creación del cuento también fue una forma de honrar y celebrar el crecimiento y la valentía de mi paciente, y de ofrecer una herramienta para otros niños y familias que atraviesan situaciones complicadas, como lo es el diagnóstico de una enfermedad. Ello implica un camino lleno de retos y aprendizajes, que requiere compasión, apoyo y un enfoque consciente en el bienestar de toda la familia.

La creación de «La Niña Agua» fue un esfuerzo colaborativo y creativo, en el que cada sesión de terapia, cada caja, aportó un nuevo capítulo a su historia. La narrativa no solo describe el proceso de duelo y adaptación, sino que también celebra la resiliencia inherente en la infancia. La transformación de la niña, desde el miedo paralizante hasta la reconexión con el mar y la vida, es un testimonio de la capacidad humana para encontrar esperanza y fuerza en medio de la adversidad.

La historia de «La Niña Agua» subraya la importancia del amor, la valentía y el apoyo mutuo en tiempos de crisis. A través de la metáfora del mar y el tsunami, el cuento ofrece una poderosa lección sobre la resiliencia, mostrando que, aunque las tormentas de la vida pueden ser devastadoras, siempre es posible encontrar la paz y la fortaleza para seguir adelante.

Mi esperanza es que «La Niña Agua» no solo entretenga, sino que también haga reflexionar a pequeños y grandes lectores, brindándoles una perspectiva comprensiva y esperanzadora sobre el duelo y la superación personal. Este proyecto representa un tributo muy especial a mi pequeña paciente, su hermanita y su mamá, tres ejemplos admirables de RESILIENCIA EN MAYÚSCULAS y a todas las personas que enfrentan desafíos similares, recordándonos que, con amor y apoyo, siempre podemos aprender a nadar nuevamente, incluso en las aguas más turbulentas.

Helena Alvarado (Autora).

Escaneando el QR, podrás acceder al cuaderno de bitácora de la Niña Agua en su travesía, dedicado a niños y educadores.

https://helenaalvarado.cat/la-nina-agua/

En tierras de la tribu Cherokee, donde los ríos que desembocan en mar abierto cantan melodías ancestrales y el viento susurra secretos de la naturaleza, vivía una familia a la orilla de la playa.

En una casa sólida, bañada por la luz del sol y acariciada por la brisa marina, la Niña Agua crecía feliz junto a sus padres y su hermanita recién nacida.

Pero un día, una tormenta inesperada oscureció el cielo, convirtiendo el mar en un torbellino furioso.

La lluvia caía con fuerza, empapando
a la Niña Agua hasta los huesos.

Atónita ante aquello y sin esperarlo, el mar se convirtió
en un torbellino furioso y un tsunami arremetió contra la
casa de la playa, llevándose consigo todo lo que conocían.

La familia se vio obligada a dejar atrás su hogar y mudarse a un
lugar desértico, donde la incertidumbre y el miedo reinaban.

Pero a pesar de las dificultades, encontraron esperanza en los sanadores de la nueva comunidad, que los ayudaron a curar sus heridas.

Poco a poco, la Niña Agua comenzó a sanar su corazón herido y a acercarse nuevamente al mar y a mirarlo de frente. Acompañada por su madre, cuyos ojos azules reflejaban la inmensidad del océano y la fortaleza de su linaje femenino, aprendió lecciones poderosas. Esos ojos azules simbolizaban para la tribu la fuerza de las mujeres navegado las tormentas de la vida, protegiendo a sus familias y restaurando la armonía.

Madre e hija, juntas en la orilla del mar, fortalecían su vínculo con cada ola enfrentada, cada historia compartida, un recordatorio de que el espíritu de superación y equilibrio fluía a través de ellas, tan constante y vital como el mar mismo.

El gran Cherokee, conocedor de la fuerza de las mujeres de su tribu, consiguió que la Niña Agua volviera a sonreír al mar. Era un hombre justo y sereno, que supo transmitirle que toda experiencia dolorosa conlleva un gran aprendizaje, y que este la transformaría para siempre.

Con la ayuda del gran Cherokee y de su padre, aprendió a nadar de nuevo, superando el temor que había quedado grabado en su cuerpo, mientras que mamá, apoyada en su abuela, la venerable mujer del gran Cherokee y columna de sabiduría de su linaje, observaba atenta sus movimientos ocupándose de su pequeña hermana, transmitiendo así un legado de valentía y enseñanzas ancestrales.

Con el tiempo, la familia construyó una nueva casa en el bosque, cerca del mar, donde ondeaba una bandera que los alertaba ante cualquier cambio repentino de clima. Aprendieron a vivir con el riesgo de enfrentarse a nuevas tormentas, pero también a disfrutar de la belleza y serenidad del mar en días soleados.

La Niña Agua creció y se convirtió en una mujer fuerte
y valiente. Su pelo se había transformado de color y
forma, siendo azul y ondulado, como las olas del mar.
Junto a sus dos hijos construyó una vida cerca
de un lago y de un poblado chamán, donde
enseñó a sus pequeños a nadar en aguas
tranquilas para poder enfrentar en un
futuro las olas con coraje.

Y así la Niña Agua, y luego la mujer
agua, encontró la paz en su corazón y
la fortaleza para enfrentar cualquier
desafío que la vida le presentara,
sabiendo que, con amor y valentía,
siempre podría surfear los tsunamis
que se interpusieran en su camino.